LA IGLESIA LOCAL Y LA GRAN COMISION DE JESUCRISTO

MISIONES: LA RESPONSABILDAD DE TODO CRISTIANO BIBLICO

Por

Bob C Green, D.Min.
(Hermano Roberto)

LA IGLESIA LOCAL Y LA GRAN COMISION DE JESUCRISTO

MISIONES:
LA RESPONSABILDAD DE TODO CRISTIANO BIBLICO

© By
Bob C. Green, D.Min.
(Hermano Robert)
Abril 2020

ISBN: 978-1-7347481-3-0

Published by
The Old Paths Publications
www.theoldpathspublications.com
TOP@theoldpathspublications.com

DEDICACIÓN

Este libro se dedica a mi esposa Patricia. Ella ha servido al Señor Jesucristo fielmente, a mi lado, durante 55 años. Verdaderamente formamos un equipo y ella es, en todo sentido, una bendición de Dios. (Proverbios 18:22)

"Muchas mujeres hicieron el bien, más tu sobrepasas a todas." Proverbios 31:29

Hermano Roberto

UNA INTRODUCCION

Bíblicamente, todos los discípulos de Jesucristo tenemos la responsabilidad de participar en el ministerio llamado "misiones". Todos los creyentes podemos orar (Mateo 9:37-38) por el ministerio de misiones. Todos podemos dar algo de nuestros ingresos y bienes para la obra misionera. Hay promesa especial para los que dan a misiones, especialmente si el dar significa un sacrificio (Filipenses 4:19). La mayoría de los creyentes podemos ir con el mensaje del evangelio a nuestra vecindad y comunidad. Algunos tienen el privilegio de ser llamados y apartados por el Señor para ser enviados a otras partes del mundo como misioneros. Tenemos la responsabilidad de orar, de dar, de enviar, y de ir, todo según la voluntad de Dios.

No hay excusa ninguna porque no orar por misiones, y por las almas perdidas que no tienen el Evangelio...

No dar algo a misiones arriba de los diezmos demuestra una falta de fe...

No ir cuando el Señor Jesús nos ha mandado ir es ser desobediente...

No participar en el "enviar" de los misioneros es dejar a unos pocos llevar mayor carga...

No hay iglesia en el mundo tan pobre que no pueda tener programa o ministerio de misiones...

No participar en misiones produce una "pobreza espiritual" en el alma del creyente y puede causar un estancamiento en

UNA INTRODUCCION

la iglesia, y puede limitar al Señor en la provisión de nuestras necesidades.

"La misión de la iglesia local es misiones, y la misión de misiones es plantar y establecer iglesias nuevas."

Dr Ray Thompson

LA IGLESIA LOCAL Y LA GRAN COMISION DE JESUCRISTO

Muchos cristianos concuerden con lo dicho por el Dr Ray Thompson, por lo menos en teoría, sin embargo, prácticamente no hay evidencia. Se han escrito cantidades de libros sobre el tema de los propósitos de la iglesia local neotestamentaria. Hallamos en el Nuevo Testamento "el propósito" expresado. Veamos a Efesios 4: 11-16.

"Y EL (Jesús) mismo constituyó a unos, apóstoles; a otros, profetas; a otros, pastores y maestros, <u>a fin de perfeccionar a los santos para la obra del ministerio, para la edificación del cuerpo de Cristo,</u> hasta que todos lleguemos a la unidad de la fe y del conocimiento del Hijo de Dios, a un varón perfecto, a la medida de la estatura de la plenitud de Cristo; para que ya no seamos niños fluctuantes, llevados por doquiera de todo viento de doctrina, por estratagema de hombres que para engañar emplean con astucia las artimañas del error, sino siguiendo la verdad en amor, crezcamos en todo en aquel que es la cabeza, esto es Cristo, de quien todo el cuerpo, bien concertado y unido entre sí por las coyunturas que se ayudan mutuamente, según la actividad propia de cada miembro, recibe su crecimiento para ir edificándose en amor."
Efesios 4: 11-16

Nota: Hay que acordarse de que Cristo prometió "edificar Su iglesia" en Mateo 16:18. La iglesia del Señor es Su cuerpo y se compone de todos los que han confiado en El como Salvador personal. Estos creyentes se hacen uno con Cristo por medio del bautismo del Espíritu Santo cuando El los sumerge en Cristo (1 Corintios 12:13; Juan 15:1). Estos creyentes son "santos" según el apóstol Pablo (Colosenses 1:2). Los santos forman parte del cuerpo de Cristo, la iglesia. El Señor desea que Su iglesia crezca o sea "edificada" tanto en número como en santidad, amor y conocimiento

UNA INTRODUCCION

de El. El énfasis en La Escritura es sobre la iglesia local, la visible, no la universal, que se está formando.

En Efesios 4:11-16 el apóstol Pablo habla del propósito de las personas dadas por el Señor a las iglesias... "la perfección de los santos". La expresión "perfeccionar a los santos" significa "madurar". Perfeccionar o madurar a los santos implica un proceso de crecimiento que comienza con la enseñanza y la exhortación. ¿Porque se perfeccionen los santos? Para la obra del ministerio. ¿Porque la obra del ministerio? PARA LA EDIFICACION DEL CUERPO DE CRISTO... LA IGLESIA.

Hay verdades sobresalientes en estos versículos:

A. Cristo dio líderes o personas con dones especiales a la iglesia.

1. Apóstoles y profetas... estos hombres recibieron la Palabra de Dios y fueron inspirados divinamente para apuntarla. Sirvieron de fundamento para la iglesia (Ef. 2:20).

2. Evangelistas... los que predicaron el evangelio (I Corintios 15:1-4) con el propósito de ganar almas para Cristo. Esos hombres ejercían el oficio de los que actualmente son los "misioneros". Siempre buscaron predicar el evangelio donde no se había predicado con la idea de llevar el mensaje de la salvación a todas partes.

3. Los pastores y maestros se dieron a las iglesias como siervos más permanentes. Por eso quiero decir que una vez establecida una iglesia nueva, el misionero seguía camino a otra parte para comenzar otra iglesia nueva. El oficio del pastor y del maestro era de continuar lo que el evangelista o misionero había iniciado.

LA IGLESIA LOCAL Y LA GRAN COMISION DE JESUCRISTO

B. Cristo revela a Pablo Su plan.
1. Los santos deben edificarse espiritualmente para poder hacer "la obra del ministerio". Cada creyente a la vez que iba edificándose contribuía algo a la obra o el ministerio.
2. La obra del ministerio era "ganar" nuevas personas y hacer discípulos de ellos. De esa forma la iglesia del Señor iba edificándose.

En resumen vale decir que el propósito del Señor para Su Iglesia es su edificación. A la vez que cada miembro de la iglesia va edificándose espiritualmente, se edifica la iglesia. El Señor desea para cada persona la salvación, la madurez espiritual, la santidad, y que sirva a El. El es glorificado cuando llevemos mucho fruto. Además El desea nuestra adoración.
Notemos el patrón que los primeros misioneros nos dejan en Los Hechos 14:21-26.

V. 21a Anunciaron el evangelio............ El Evangelismo (ganar almas)
V. 21 Hicieron muchos discípulos.......... La Edificación (enseñaron a muchos)
V. 22 Confirmaron los ánimos de los discípulos... Establecieron la iglesia

La iglesia establecida tiene como responsabilidades: El evangelismo de los perdidos; La edificación de los santos y la exaltación y adoración del Señor.

Plantar y establecer iglesias locales es la mejor manera de cumplir esas responsabilidades. Es por eso que decimos que la misión de la iglesia es misiones (el evangelismo y el hacer discípulos) y la misión de misiones es plantar iglesias. Cada vez que se establece una iglesia nueva se añade otra congregación al equipo de ganadores de almas y los

UNA INTRODUCCION

hacedores de discípulos y por supuesto otros que exaltan a Señor.

¿Participa Usted en el plan y propósito del Señor para Su Iglesia?

Tabia de Contenidos

DEDICACIÓN 3
UNA INTRODUCCION 4
Tabia de Contenidos 10
Capítulo 1: La Base Bíblica de Misiones 11
   En Resumen: 17
   George W. Peters dice, ... 17
Capítulo II: Una Historia Breve de Misiones 25
Capítulo III: Definiciones: 34
   Definiciones Amplificadas 37
   La Agencia Independiente por "Fe" 41
   Las Ventajas: 42
   Desventajas: 43
   Misioneros Independientes 44
Capítulo IV: La Iglesia Local y Misiones 50
Capítulo V: La Obra Misionera. La Naturaleza de La Obra 53
Capítulo VI: El Patrón de Misiones en El Nuevo Testamento 54
Capítulo VII: ¿Cómo Apoyar A Misiones? 56
CAPÍTULO VIII: La Ofrenda Pro-Misiones Por Fe O Por Gracia 64
   Información Adicional: 70
   Testimonio Personal 73
EL AUTOR 74

Capítulo 1
La Base Bíblica de Misiones

A. Misiones y El Antiguo Testamento. Algunos cristianos tienen la idea de que "evangelizar al mundo" es una doctrina o enseñanza netamente neo-testamentaria. Algunos piensan que "una salvación al alcance de todo el mundo" es una idea originaria de los apóstoles. Una persona con nociones de Islam comentó recientemente que no se daba cuenta que Cristo era un judío. Ella siempre consideraba que Jesús era un "cristiano". Según ella todo el mundo es del judaísmo, islam o el cristianismo. Ella no pudo comprender como el cristianismo puede tener sus raíces en el Antiguo Testamento y el judaísmo. Aun un estudio superficial del Antiguo Testamento revela que Dios tenía en mente proveer y anunciar una salvación común al alcance de todas las gentes del mundo. Misiones se fundamentan en el Antiguo Testamento.

Isaías 49:6b
"... también te di por luz de *las naciones*, para que seas mi salvación hasta lo postrero de la tierra."...

1. Cristo señaló la base antiguo-testamentaria para misiones cuando hizo referencia a pasajes tales como Isaías 53:12b y al decir, como vemos en Lucas 22:37, que se cumplieron en, y por El.

"... *Y fue contado con los inicuos; por lo que está escrito de mi tiene cumplimiento.*" *Lucas 22:37*

"... *y fue contado con los pecadores, habiendo él llevado el pecado de muchos, y orado por los transgresores.*" *Isaías 53:12*

2. Cuando en Hechos 13:14-52 el apóstol Pablo dijo a los judíos que él y los de su equipo misionero iban a los gentiles (Lucas da la palabras de Pablo en los versículos 46-47, palabras de Isaías 49:6b), confirmó que él tenia entendimiento de que las palabras de Isaías 49:6b <u>eran un mandato de Dios compartir el evangelio con todas las naciones.</u>

"*Porque así nos ha mandado el Señor, diciendo: Te he puesto para luz de los gentiles, a fin de que seas para salvación hasta lo ultimo de la tierra.*" *Hechos 13:47*

3. "Misiones" pueden verse en pasajes muy antiguos como en <u>Génesis 3:15</u>. La provisión y las promesas referente la redención tienen que ver con toda la humanidad. La primera promesa de un Redentor venidero es muy significativo. Notemos los hechos siguientes.
   a. <u>La salvación es de Dios.</u> Era Dios que buscó al hombre después de la caída. Dios siempre toma la iniciativa y El sigue tomándola. El busca a los hombres. El envía a Su pueblo, con el evangelio, a

buscar a los inconversos. Dios dio la provisión de la salvación por medio de la sangre, primero de un animal inocente y luego la sangre de Su Hijo el Señor Jesucristo. La provisión es para Adán y Eva pero también para todo el mundo. Cristo murió por los pecados de todo el mundo (I Juan 2:2).
b. El mensaje de misiones es "la salvación". La salvación viene por medio del sufrimiento vicario del Redentor, Cristo Jesús. Isaías en 53:5 dice, *"Mas él herido fue por nuestras rebeliones, molido por nuestros pecados; el castigo de nuestra paz fue sobre él, por su llaga fuimos nosotros curados."* Isaías sigue diciendo en el versículo 6, *"... mas Jehová cargo en él el pecado de todos nosotros."* En la crucifixión, el Redentor prometido en Génesis 3:15, recibió la herida en su calcañar. Cristo murió pero resucito después de tres días y tres noches. ¡El vive!
c. Dios prometió destruir a nuestro enemigo, Satanás. La herida en la cabeza que Satanás recibirá será eterna. Después de una rebelión final Satanás será lanzado, por el Señor, al lago de fuego donde pasará toda la eternidad futura. Algunos suponen que hay dos dioses, un dios bueno y el otro malo y que los dos tienen poderes iguales. Esa teoría del "dualismo" se refuta bíblicamente.
d. La salvación se ofrece a toda la humanidad. La teoría del

"particularismo" propuesto por los proponentes del hyper-calvanismo se refuta por la enseñanza de versículos como I Juan 2:2. (La Biblia enseña que la predestinación es siempre "a algo"... adopción, conformidad a la imagen de Cristo, etc.) Jesucristo murió por todo el mundo pero es Salvador únicamente de los que se apropian de la salvación por el arrepentimiento y la fe en Cristo. La salvación es *universal* solo en el sentido de ser disponible y suficiente para todos. La Biblia no enseña la noción de que *todos* los hombres, tarde o temprano, serán salvos.

e. Jesús, hijo primogénito de María e Hijo unigénito de Dios es el Dios Hombre. Jesucristo, "simiente de mujer" (Génesis 3:15) es pariente de todos los hombres. Como hombre sin pecado él pudo morir por todos los hombres. Como Hijo de Dios nacido de una virgen, no heredó una naturaleza pecaminosa y por lo tanto pudo pagar por los pecados de todos los hombres pecadores. Todos somos pecadores.

f. La salvación (soteriología, la doctrina de la salvación) es el tema dominante, unificador, y todo inclusivo del Antiguo Testamento.

El tema de este estudio tiene que ver con la obra de Dios en y por medio de misiones para hacer disponible, o poner al alcance de todas las naciones el mensaje de la salvación.

4. Se ven "misiones" en <u>la promesa divina hecha</u>

a Abram en Génesis 12:3.

"... y serán benditas en ti todas las familias de la tierra."

Dios promete bendecir "a todas las familias de la tierra" por medio de un descendiente de Abram. Por la muerte de Jesucristo, descendiente de Abram, todo el mundo puede salvarse. Dios quiere salvar a todo el mundo.

"...no queriendo que ninguno perezca, sino que todos procedan al arrepentimiento." 2 Pedro 3:9

Dios no distingue entre los judíos y los gentiles. El descendiente de Abram murió para salvar a todos. La salvación es para todas las familias de la tierra.

5. El plan Dios de ofrecer la salvación a todas las naciones se ve también en las escrituras de los Libros Históricos del Antiguo Testamento. En I Reyes 8:43 y 60 hay palabras dignas de considerarse.

"... para que todos los pueblos de la tierra conozcan tu nombre y te teman..." versículo 43

"... a fin de que todos los pueblos de la tierra sepan que Jehová es Dios, y que no hay otro..." versículo 60

6. Misiones también se presenta en muchos

versículos adicionales del Antiguo Testamento. En Jeremías 1:5; Ezequiel 37:28; Zacarías 2:11; Malaquías 1:11, hallamos referencia a misiones. Solo mencionamos cuatro pasajes.

a. Los Salmos. (Salmos 19; 22:27; 51:13; 98:1-9; 117:1-2; 145:1-21.

"Se acordarán, y se volverán a Jehová todos los confines de la tierra, y todas las familias de las naciones adorarán delante de Ti." Salmo 22:27

b. Los Profetas... como Isaías

"¡Cuán hermosos son sobre los montes los pies del que trae alegres nuevas, del que anuncia la paz, del que trae nuevas del bien, del que publica salvación, del que dice a Sion: ¡Tu Dios reina!" Isaías 52:7

El apóstol Pablo hace referencia a estas palabras del profeta Isaías en Romanos 10:15 cuando habla de la bendición que es para aquel
que predica el evangelio.

c. Los Proverbios

"El fruto del justo es árbol de vida; y el que gana almas es sabio." Proverbios 11:30

d. Muchos de los Profetas Menores

CAPÍTULO I: LA BASE BÍBLICA DE MISIONES

Hay en el mensaje de los Profetas Menores lo que se puede llamar "una nota de universalidad". Con eso queremos decir que sus mensajes tienen aplicación secundaria "a todas las naciones". Habacuc da tres principios de significado universal.
1) El principio de la <u>justificación universal</u> (2:4)
2) El principio del <u>conocimiento universal de la gloria de Dios</u> (2:14)
3) El principio de la <u>adoración universal de Jehová</u> (2:20)

En Resumen:
El hecho de que la salvación provista por el Señor es para todas las naciones y no únicamente para los judíos es un mensaje sobresaliente en el Antiguo Testamento. Dar testimonio de este mensaje... el mensaje de la salvación en Cristo, el cordero de Dios... constituye el propósito dominante del llamamiento, la existencia y el ministerio de Israel.

George W. Peters dice,
"El Antiguo Testamento no solo contiene algo de la doctrina de misiones; el Antiguo Testamento es 'misiones' en el mundo."

Dios, en Su misericordia, ha preservado Su mensaje de salvación en el Antiguo Testamento y también ha preservado Su pueblo mensajero, la nación de Israel. El Antiguo Testamento es un libro misionero e Israel es un pueblo misionero. La "incredulidad" de Israel o como dice Pablo, "endurecimiento en parte *(a Israel)* hasta que haya entrado la plenitud de los gentiles" abre camino a la salvación para las

gentes no-judías. Ahora "misiones" pertenece a las iglesias neo-testamentarias.
  B. El Nuevo Testamento y Misiones

  No es nada difícil establecer una teología neo-testamentaria de misiones.

  1. El Señor, antes de ascenderse, repitió Su comisión o mandamiento a los discípulos en cuanto a dar testimonio de El comenzando en Jerusalén y siguiendo con el evangelio hasta lo último de la tierra. La gran comisión se da en los cuatro Evangelios, Mateo 28:18-20, Marcos 16:15, Lucas 24:46-48 y Juan 20:21. Hechos 1:8 es la quinta vez que el Señor afirma Su voluntad referente la predicación del mensaje del evangelio en todo el mundo. El Nuevo Testamento tanto como el Antiguo Testamento enseña "misiones". <u>Bíblicamente es el deber de cada persona que ha experimentado el nuevo nacimiento, participar en el evangelismo del mundo entero.</u> Es nuestra responsabilidad y nuestro privilegio. ¡Que tremendo! poder participar en lo que el Señor tiene por prioridad.

  Participar en misiones nos permite apropiarnos de las bendiciones del Señor. Imagínese:
  a. El promete Su *Presencia* en Mateo 28:18-20
  b. El promete Su *Protección* en Marcos 16:15
  c. El promete Su *Poder* en Lucas 24:47,

CAPÍTULO I: LA BASE BÍBLICA DE MISIONES

48; Hechos 1:8

d. El promete Su *Paz* en Juan 20:21

In los cuatro Evangelios tenemos el relato divino del llamamiento de los discípulos, pero también tenemos el testimonio divino en cuanto a la concepción, nacimiento, vida, enseñanza, muerte, sepultura y la resurrección del Señor Jesucristo. La información dada en los Evangelios provee el *mensaje de misiones*. La palabra "evangelio" viene de la palabra griega "evanggelion" que significa *buenas nuevas*. La palabra "evangelista" tiene la misma raíz. En verdad creo que el evangelista de Efesios 4:11 es el equivalente del "misionero" de hoy día. El misionero anuncia *las buenas nuevas*.

2. Los Discípulos tuvieron pasión misionera. El libro histórico del N.T., el libro de Los Hechos, es una historia divina de las actividades misioneras de las iglesias del primer siglo y de los discípulos del Señor Jesús. Los pequeños libros del Nuevo Testamento que llamamos *Epístolas* se escribieron por los apóstoles a las congregaciones establecidas por medio de la obra misionera. Los apóstoles buscaron involucrar a esas nuevas iglesias en la obra misionera, solicitando sus oraciones, sus ofrendas y a que se entregaran para servir como obreros en la mies del Señor. Los doce discípulos comenzaron como mensajeros a su propio pueblo y mas adelante sirvieron como emisarios de Cristo a las gentes de las otras naciones. Se sintieron constreñidos evangelizar al mundo entero por la comisión de Cristo, Su

amor y *compasión* y por la *condición de los perdidos*.

3. El Apóstol Pablo indeleblemente impresionó al mundo con el hecho de que "Dios estuvo en Cristo reconciliando el mundo a Sí mismo". Los escritos del apóstol Pablo revelan su corazón misionero. En Los Romanos acopla la teología con el mensaje de misiones. La logia de él es así:
   a. El universo entero es la creación de Dios (Romanos 1:18)
   b. Toda la raza humana es una unidad orgánica creada en Adán (Romanos 5:12-21). Por ser descendientes de Adán, el primer hombre, todo el mundo (toda persona) es pecador.
   c. Toda la raza humana "cayó en Adán y se hizo pecaminosa (Romanos 5:12-21). Todo el mundo es pecador por naturaleza.
   d. A consecuencia de seguir un curso pecaminoso toda la raza humana se hizo culpable ante Dios (Romanos 1:18-21). Todos somos pecadores por voluntad y por nuestros hechos.
   e. Toda la raza humana se representó en Cristo, el Adán segundo, y en Él se provee la salvación para toda la humanidad. (Romanos 5:12-21)
   f. Toda la raza murió en Adán pero todos pueden tener "vida" en Cristo.
   g. Dios ha provisto solo un camino de salvación... el camino de la

CAPÍTULO I: LA BASE BÍBLICA DE MISIONES

justificación por la fe en Cristo Jesús. Es igualmente verdad para los judíos como para los gentiles (Romanos 3:21-5:21).

h. El mensaje de la salvación provisto por Dios es presentado al hombre en la revelación bíblica. El mensaje se entrega por medio de la predicación de La Palabra revelada e inspirada de Dios (Romanos 10:8-17).

i. El apóstol Pablo se entregó al labor de predicar el evangelio de Dios a todos los hombres (Romanos 15:20)

4. El evangelio en resumen o en su forma mas sencilla... Juan 3:16, revela el corazón y el propósito misionero de Dios.

5. Varios pasajes adicionales y selectos del Nuevo Testamento tratan el tema de misiones.

   a. Marcos 14:9 ... María de Betania
   "De cierto os digo que dondequiera que se predique este evangelio, en todo el mundo, también se contará lo que ésta ha hecho, para memoria de ella."

   b. Lucas 19:10 ... Porque vino Jesús
   "Porque el Hijo del Hombre vino a buscar y a salvar lo que se había perdido."

   c. Hechos 10:34-35 Dios no hace acepción de personas
   "Entonces Pedro, abriendo la boca, dijo:

En verdad comprendo que Dios no hace acepción de personas, sino que en toda nación se agrada del que le teme y hace justicia."

6. La naturaleza y el ministerio del Espíritu Santo son "misiónes" céntricos. Es el Espíritu Santo quien llama al ministerio, dirige al misionero y obra en él. Solo con el poder del Espíritu Santo se lleva a cabo eficazmente la obra misionera. El llama al misionero pero también llama al pecador al arrepentimiento y la fe. La dedicación y la compasión del misionero son obras del Espíritu Santo. La convicción del pecado en el corazón del pecador se produce por El. La conversión del pecador también es obra de El.

7. La promesa de Dios en cuanto al Espíritu Santo se relaciona con el plan divino de redención y misiones (Juan 16:7-11, 13; Hechos 1:8)

"Pero yo os digo la verdad: Os conviene que yo me vaya; porque si no fuese, el Consolador no vendría a vosotros; mas si me fuere, os lo enviaré. Y cuando él venga, convencerá al mundo de pecado, de justicia y de juicio. De pecado, por cuanto no creen en mí; de justicia, por cuanto voy al Padre, y no me veréis más; y de juicio, por cuanto el príncipe de este mundo ha sido ya juzgado." Juan 16:7-11

CAPÍTULO I: LA BASE BÍBLICA DE MISIONES

"... pero recibiréis poder, cuando haya venido sobre vosotros el Espíritu Santo, y me seréis testigos en Jerusalén, en toda Judea, en Samaria, y hasta lo ultimo de la tierra."
Hechos 1:8

Misiones da sentido y significado a toda teología. "Misiones" es céntrico en el corazón de Dios.

Los dos objetivos principales de misiones bíblicos son el <u>evangelismo</u> (la ganancia de almas) y el <u>establecimiento</u> de nuevas iglesias (plantar o fundar iglesia locales nuevas). Todo esfuerzo misionero debe contribuir positivamente a estos dos objetivos. Los esfuerzos, por buenos que sean, que no resultan en la salvación de almas y la edificación de iglesias locales, no deben denominarse misiones.

El Nuevo Testamento da:
1. El <u>mandato</u> de misiones... La Gran Comisión
2. El <u>mensaje</u> de misiones... El Evangelio de Jesucristo
3. Los <u>medios</u> de misiones... La iglesia local
   a. La iglesia local debe ser céntrica en misiones
   b. Los misioneros se autorizan and se envían por la iglesia local
   c. La obra misionera se sostiene por la iglesia local
   d. Misiones es... <u>de</u> una iglesia local <u>a</u>

LA IGLESIA LOCAL Y LA GRAN COMISION DE JESUCRISTO

una nueva iglesia local
4. Los <u>métodos</u> de misiones. La predicación, la enseñanza o el hacer discípulos, etc.

Capítulo II
Una Historia Breve de Misiones

El estudio de la historia produce creatividad y flexibilidad, cosas necesarias para el desarrollo eficaz de misiones.

A. El Primer Siglo hasta el año 300 +- A.D.
La historia de los primeros cien años de misiones se relata en el Nuevo Testamento. El libro de Los Hechos de Los Apóstoles nos proporciona un record inspirado del principio de la Iglesia y la propagación del evangelio desde Jerusalén hasta los extremos del Imperio Romano. Los primeros misioneros escogidos por el Espíritu Santo fueron comisionados y enviados por la Iglesia de Antioquia. El Apóstol Pablo y los miembros de su equipo misionero viajaron de lugar en lugar predicando, dirigido por el Espíritu Santo. Anunciaron las buenas nuevas del evangelio, enseñaron a los que aceptaron al Señor como Salvador y establecieron lideres en todas las nuevas congregaciones (Hechos 14:21-28).

Muchos de los primeros miembros de la Iglesia viajaron a diferentes partes del mundo buscando escapar de la persecución que sufrían en Jerusalén. Esas gentes llevaron su fe en el Señor consigo y como resultado natural, se establecieron nuevas iglesias. Probablemente así se explica como llegó el evangelio a Roma, dado que ya había cinco congregaciones en Roma antes de que llegara el Apóstol Pablo. No hay evidencia histórica de que Pedro haya jamás llegado a Roma.

Hubo varios factores que afectaron la expansión del cristianismo en el primer siglo. De acuerdo con el plan divino, Cristo nació justamente cuando estos factores eran realidad. Los factores sirvieron para facilitar las primeras actividades misioneras.

Son los siguientes:
1. Un sistema desarrollado de carreteras hechas por el Imperio Romano.
2. La "Pax Romana" que garantizaba seguridad para los que viajaban por esas carreteras.
3. El uso de "Griego" como idioma común.
4. A mucha gente les faltaba satisfacción con las supersticiones de las religiones prominentes de aquel entonces.
5. La presencia de judíos y sinagogas en muchas de las ciudades Romanas.
6. La propagación del "monoteísmo" por los judíos. Los judíos enseñaron además, que cada persona tenía a su alcance una relación personal con Dios. Esa enseñanza era muy contraria a la de los paganos e idolatras.

B. El movimiento misionero después del nacimiento de la Iglesia Católica Romana (315 A.D.)

CAPÍTULO II: UNA HISTORIA BREVE DE MISIONES

Actividades misioneras como las de los apóstoles en el primer siglo cesaron después del nacimiento de la Iglesia Católica Romana (315 A.D.). La Iglesia Católica Romana, una mescla del paganismo de Roma y un tanto del cristianismo, contribuyó al inicio de "Los Siglos Oscuros". En esos siglos hubo mucho conflicto entre los católicos y los protestantes. El evangelio puro fue llevado casi exclusivamente por las gentes laicas.

Los cristianos bíblicos, las personas que basaron su fe y práctica únicamente en la enseñanza bíblica, sufrieron persecución muy fuerte y severa. En el libro de Apocalipsis leemos de una iglesia (la de Pérgamo) que tenía nombre de iglesia cristiana pero no tenía la práctica. El catolicismo, la religión oficial del Imperio Romano comenzó con Constantino y siguió creciendo, mayormente por edicto o decreto del emperador o el rey.

Supuestamente reinos enteros se convirtieron en esta forma. Constantino mando pasar los soldados de su ejercito debajo de unos arboles para que los pastores católicas pudieron bautizarlos por rociamiento. De esta forma "se convirtió todo su ejercito". Bíblicamente, eso fue una cosa totalmente vana y falsa.

Se dice de Carlomagno (Charlemagne), el primer emperador del *"Santo Imperio Romano"* que en un solo día mandó matar a 4500 hombres, mujeres y niños Sajones como parte de su esfuerzo de imponer la forma romana del cristianismo a una gente pagana. No podemos, ni debemos identificarnos con esas actividades denominadas "obra misionera" por unas gentes liberales.

Durante esos "siglos oscuros" los verdaderos cristianos se obligaron esconderse. Algunos teólogos liberales y psuedo-cristianos refieren a esa expansión del catolicismo como que fuera la expansión del cristianismo bíblico. Las actividades de los reyes (imperadores) y religiosos católicos, y aun protestantes, sirven de mancha negra en la historia de Europa y el mundo. El verdadero evangelio de Cristo iba sofocándose por un mensaje y un sistema sacerdotal cada vez mas controlada por los sacerdotes romanos.

Animados por las iglesias (Católica) de Roma y (Anglicana) de Inglaterra, se llevaron acabo las "Cruzadas" y la invasión de la Tierra Santa. Cometieron atrocidades en el nombre de Cristo. Cuando Jerusalén se libró de los musulmanes en 1099 A.D., los cruzados no se contentaron con matar a los soldados del destacamento, también masacraron unos 70 mil musulmanes. Los judíos que sobrevivieron la masacre fueron acorralados como ganado a dentro de una sinagoga y quemados vivos. Se reparó el edificio de la Iglesia del Sepulcro Santo y los cruzados dieron gracias a Dios Todopoderoso por la victoria decisiva. El resultado principal de "las cruzadas" era el distanciamiento del mundo musulmán. La pavorosa memoria de las cruzadas sigue

CAPÍTULO II: UNA HISTORIA BREVE DE MISIONES

enconándose en las mentes de los musulmanes hasta el día de hoy. A veces se reporta hoy día que hay "cristianos" viviendo en el medio oriente. La mayoría de esas personas son católicas, y no son cristianos bíblicos.

Para entender mejor la verdadera situación de los cristianos bíblicos durante los siglos oscuros, uno puede leer, "El Libro de Los Mártires" por Foxe y "A Trail of Blood". La verdad es que las manos de la iglesia romana se han manchado con la sangre de millones. La ira de Roma se ha dirigido a musulmanes y a judíos y a cristianos bíblicos.

<u>Sencillamente, no hubo actividad ni programa formal misionera por la persecución que hubo.</u> Los reformadores no inauguraron actividades misioneras porque enseñaron que la Gran Comisión se dio únicamente a los Apóstoles.

Hubo otros factores que contribuyeron a la demora o negligencia en cuanto a misiones:
1. Los "pre-destinarios" se preocuparon mas con "la soberanía de Dios" que con la responsabilidad del hombre. Razonaron, "Si Dios desea que se conviertan los paganos, se salvarán sin intervención humana." El misionero bautista, William Carey, tuvo que enfrentarse a esa filosofía errónea.
2. Muchos, como Lutero, no tuvieron esperanza de un futuro largo para el mundo. En los escritos de él, "Table Talks" (Platicas de Mesa), dijo, "Dentro de

100 años se acabará todo. La Palabra de Dios desaparecerá por no haber predicadores que la predique.
3. Las iglesias "protestantes" y quizás aun algunas de las verdaderas, se ocuparon principalmente con la sobrevivencia. Las iglesias protestantes fueron unidos solo en su odio de los papistas (otro apodo dado a los seguidores del Papa). No tardaron mucho en comenzar a pelear entre si.

Aunque es cierto que muchas de las iglesias que nacieron en tiempo de La Reforma han caído en el "liberalismo doctrinal", en el principio predicaban "la salvación por la gracia de Dios, por fe en Cristo Jesús" (Efesios 2:8-9). Tener un buen principio no garantiza una buena continuación. Siempre es necesario guardarnos de la tendencia de apartarnos de la verdad.

<u>Los bautistas si protestamos contra el error del catolicismo pero nunca formamos parte de la iglesia de Roma. No somos y nunca hemos sido protestantes.</u>

Generalmente se acepta que "las misiones modernas" comenzaron en 1792 con William Carey. El es conocido como "el padre de las misiones modernas". Carey sirvió unos 40 años en La India. El hizo unas 35 traducciones de Las Escrituras a los diferentes idiomas y dialectos de La India.

La pasión que William Carey tuvo por el

CAPÍTULO II: UNA HISTORIA BREVE DE MISIONES

evangelismo del mundo entero le motivó establecer una agencia o sociedad misionera que enviaba a los misioneros al mundo extranjero. Se enfrentó a mucha oposición especialmente por parte de los hyper-Calvinistas (pre-destinarios). Entre ellos era el Dr John C Ryland. El Dr. Ryland le dijo a William Carey, en una ocasión, "Joven, siéntete, cuando Dios dispone salvar al pagano lo hará sin ayuda tuya o la mía." Es interesante que solo recordamos al Dr. Ryland por su oposición a William Carey, pero recordamos a William Carey por sus esfuerzos misioneros.

El 30 de mayo de 1792, William Carey predico un mensaje de Isaías 54:2-3 diciendo, *"Hay que esperar cosas grandes de Dios; y hay que intentar grandes cosas para Dios."*

Se formaron cuatro clases o tipos de agencias misioneras.
1. Las agencias "inter-denominacionales". Después llegaron a ser las agencias congregacionales.
2. Las agencias "denominacionales". Estas agencias se organizaron, se controlaron y se sostuvieron por una denominación (Metodista, Presbiteriana, Asamblea de Dios, etc.).
3. Las agencias de "Fe". Este nombre se usa de las agencias que no cuenta con el apoyo de una denominación o convención de iglesias. No es que esas tuvieron mas fe que las otras pero si tuvieron que depender

mas directamente de Dios.
4. Las agencias "especializadas". Estas agencias tienen ministerio dirigida a un grupo étnico como los judíos, los árabes, o las gentes indígenas, etc. Algunas de estas agencias se dedican a la medicina, la aviación, formas de comunicación como de radio, televisión, etc. o aun la traducción de La Biblia a otros idiomas.

Adoniram Judson, el primer misionero norteamericano famoso, salió para Rangoon, Berma en 1813. A pesar de muchas dificultades, él perseveró 6 años sin ganar a nadie para Cristo. Finalmente en el sexto año gano su primer convertido. Sirvió 37 años en Berma e hizo una traducción de La Biblia al idioma de Berma. Durante su tiempo en Berma, se dice haber establecido iglesias que contaban con unos 7000 miembros.

El misionero de mayor fama mundial era David Livingstone, misionero en el África. Su cuerpo esta enterrado en Inglaterra pero enterraron su corazón en el África. Su pasión y compasión por las almas de las gentes africanas ha inspirado a centenares de misioneros modernos. Ha habido misioneros de diferentes nacionalidades que han sacrificado todo por obedecer al Señor. Su amor para Cristo y el amor que han sentido por las gentes inconversas les ha motivado dejar su patria, su familia, la fortuna y las comodidades. Algunos han muerto viajando al campo misionero. Otros han muerto por

CAPÍTULO II: UNA HISTORIA BREVE DE MISIONES

enfermedades; otros como mártires como John & Betty Stam, que murieron a mano de los comunistas en China; y Nate Saint y sus cuatro compañeros muertos por Los Aucas en América del Sur.

En los últimos cien años ha habido grandes bendiciones y avances en la obra misionera. En algunos países hasta la mitad de la población se ha convertido al evangelio. Millones se han convertido. Miles de iglesias locales se han establecido. Verdaderamente Dios ha hecho maravillas. Todos los que somos salvos tenemos una <u>deuda</u> con el Señor y con Sus siervos, los misioneros.

Capítulo III
Definiciones:

A. **Misión.** La palabra se usa para referirse a la "tarea bíblica" asignada a las iglesias del Señor Jesucristo. La tarea total incluye:
   1. El evangelismo-- la ganancia de almas
   2. La edificación de los creyentes, la instrucción del nuevo creyente en cuanto a la doctrina, los principios y la práctica de la fe cristiana. Esta fase de la "misión" de las iglesias es el "hacer discípulos". El Señor mandó a sus discípulos enseñar a los nuevos creyentes para que pudieren llegar a ser seguidores del El. También el propósito es enseñarles para que vayan conformándose a la imagen de Cristo (Romanos 8:29, Romanos 12:1-2).
   3. La exaltación de Dios, la adoración de Dios. La misión de las iglesias incluye el establecimiento de nuevas congregaciones que a su vez adoran al Señor. Uno puede adorar a Dios con su vida santa, con su voz (alabanzas e himnos, etc.), y con sus bienes.
   4. El establecimiento de <u>iglesias autónomas</u> que <u>se gobiernan</u>, <u>se sostienen</u> y <u>se propagan</u> (extienden) por medio de obedecer la Gran Comisión.

Nota: Cumplir la "misión" significa buscar:
   a. La <u>salvación</u> de las personas inconversas
   b. La <u>santificación</u> de los creyentes
   c. El crecimiento espiritual y <u>sumisión</u>

CAPÍTULO III: DEFINICIONES

       a la voluntad del Señor Jesús
   d. Y que <u>sirvan</u> a El

B. Misiones. Esta es la palabra "missio" del latín que significa "enviado". Cuando hablamos de "misiones" hablamos de ir, de enviar a otros y de ser enviados con el evangelio. "Misiones" es ir mas allá de las fronteras o el alcance local del ministerio de la iglesia local. "Misiones" es llevar el evangelio a lugares que no tienen "testimonio de Cristo. Las comunidades beneficiarias de la obra misionera reciben el evangelio y gozan del ministerio de una iglesia local nueva que continua aun cuando se haya ido el misionero.

C. Evangelismo. Esta es la fase inicial de "misiones". El evangelismo es la proclamación autoritativa de las <u>buenas nuevas</u> del evangelio de Jesucristo. El Apóstol Pablo da un bosquejo sencillo de los tres puntos principales del evangelio en I Corintios 15:1-4. El evangelio debe presentarse en términos sencillos y comprensibles; en manera persuasiva con el propósito de ganar la gente para Cristo. El evangelismo toma muchas <u>formas</u>. Hay el evangelismo personal (uno a uno), el evangelismo usando literatura, campañas medicas, campañas publicas, etc., pero siempre debe haber una invitación para recibir a Cristo. <u>El evangelismo bíblico demanda una decisión; la de recibir o la de rechazar a Cristo.</u>

D. El Evangelio. El mensaje de la <u>salvación</u> por

fe en Cristo Jesús. Los tres puntos son: La muerte del Señor por nuestros pecados, conforme a las Escrituras; Su sepultura y resurrección, conforme a las Escrituras. Ciertamente una persona tiene que creer este mensaje si ha de ser salvo. También es cierto que solo eso tiene que hacer para ser salvo (Los Hechos 4:12; 16:31).

E. Hacer discípulos. Esta es la segunda fase de la misión de misiones. En Mateo 28: 19-20 Cristo nos manda "hacer discípulos", enseñándoles que guarden todas las cosas que El nos ha enseñado. En Los Hechos 14:21 tenemos el ejemplo de los apóstoles,

"...después de anunciar el evangelio (*evangelismo*) a aquella ciudad y de hacer muchos discípulos..."

F. Bautismo. El bautismo bíblico sigue a la conversión. Es el primer paso de obediencia después de salvarse o recibir a Cristo. Por medio del bautismo el nuevo creyente da testimonio publico de haber recibido a Cristo y de su identificación con El en Su muerte, Su sepultura y Su resurrección. La palabra bautismo viene de la palabra griega "baptizo" que significa sumergir.

G. Misionero. El misionero es la persona "enviada" con el evangelio, por la iglesia local. Aunque todos los cristianos deben ser "testigos" para Cristo, no todos los cristianos son misioneros. Conviene que guardemos el

CAPÍTULO III: DEFINICIONES

titulo "misionero" para los que van más allá de la influencia inmediata de la iglesia local.

¿Seria entonces un "misionero" el miembro de una iglesia local que predica en el penal, o en un asilo o que ministra a los universitarios, a los profesionales u otros grupos de la comunidad, etc.?

H. **Deputación.** Esta palabra inglesa se usa para el ministerio moderno de ir de iglesia en iglesia presentando el ministerio proyectado del misionero. <u>Los misioneros deben enviarse y sostenerse por las iglesias locales. Las iglesias locales deben conocer personalmente a los misioneros que sostienen.</u> Como los miembros de una congregación no pueden ir personalmente a todas partes del mundo con el evangelio y establecer nuevas iglesias, ellos "autorizan" a los misioneros que vayan en su lugar. Delegan al misionero...un "diputado" o representante de ellos.

Definiciones Amplificadas...

1. Misión. La iglesia local ha recibido instrucciones del Señor Jesucristo, en el Nuevo Testamento, referente Su voluntad y la responsabilidad de cada congregación de participar en el "<u>evangelismo del mundo</u>". <u>Toda iglesia neo-testamentaria debe contribuir al esfuerzo de llevar el evangelio a todas las personas de todos los países del mundo... hasta donde sea posible</u> Las responsabilidades incluyen llevar el evangelio pero también enviar a mensajeros con el evangelio. El evangelio se lleva a la comunidad cercana de la iglesia pero se envía a los lugares más

lejanos. La Gran Comisión se dio a la iglesia local.

Las personas ganadas para Cristo forman para del cuerpo de Cristo pero también deben formar parte de una iglesia local. Los nuevos creyentes deben enseñarse en el contexto de una iglesia local.

Es necesario que cada iglesia tenga un programa de hacer discípulos, lo que se llama también el "seguimiento". No es suficiente, por si, solo el ministerio de predicación desde el pulpito. Hay veces cuando las dudas, preguntas y aun la falta de comprensión por parte de los nuevos creyentes pueden tratarse mejor por medio de la enseñanza uno a uno. La edificación del creyente por medio de unos esfuerzos organizados de hacer discípulos es vital para el bienestar de la iglesia. La enseñanza proporciona los medios espirituales para el crecimiento y para que los creyentes vayan conformándose a la imagen de Cristo. Cristo dijo,

"*enseñándoles que guarden todas las cosas que os he mandado...*" Mateo 28:20.

La iglesia local es el agente de Dios para la instrucción, la edificación, el crecimiento espiritual, el compañerismo con otros creyentes y también la adoración de Dios. Buena cosa es cuando los misioneros siguen el patrón dejado por el Apóstol Pablo en Efesios 4:11-16. En esos versículos se nos expone el propósito del Señor Jesús.

El Señor da:
a. *Personas* con cualidades y capacidades especiales a la iglesia

CAPÍTULO III: DEFINICIONES

b. Para la *perfección* o para edificar o madurar a los santos (creyentes)
c. Con el propósito de edificar a la iglesia en numero, en conocimiento, en madurez espiritual y que los santos vayan conformándose a la medida (imagen) de Cristo.

2. Misiones.
Esta palabra especializada se usa para referirse a:
a. El "*enviar*" (Romanos 15:20; 10:13-17; Hechos 13:1-3; Mateo 28:18-20). ¿Quién envía? La iglesia local. La obra misionera bíblica es iglesia céntrica. Misiones es de una iglesia local a una nueva iglesia local o en otras palabras, "las iglesias locales plantando nuevas iglesias locales... plantando iglesias cerca y lejos, etc.". El ministerio de misiones resulta en el establecimiento de una iglesia local nueva que a su vez participa en misiones y establece otras iglesias locales nuevas.

¿Quién es enviado? Los miembros de iglesias locales. Las iglesias locales envían a los misioneros, no los envía una agencia de misiones, ni una organización evangelistica.
La iglesia local:
1) Conoce o debe conocer al candidato misionero
2) Aprueba y recomienda al candidato misionero
3) Autoriza, comisiona, y ordena al candidato
4) Sostiene al candidato
5) Ora por el misionero
6) Se comunica con el misionero (Pablo uso la palabra "comunicarse" para significar el "ayudar llevar la carga" como estar juntos en un yugo.

7) Pide cuentas del candidato
8) Disciplina al candidato

Nota: Hay lugar en el mundo moderno para agencias misioneras que sirven a las iglesias locales pero esas agencias no deben suplantar a la iglesia local como agencias enviadoras.

Algunas diferencias entre "la agencias independientes de fe" y las agencias "denominacionales".

<u>Una Agencia Misionera de Denominación</u> es controlada y sostenida por una denominación o convención particular. Generalmente las iglesias miembros de la denominación mandan sus ofrendas pro-misiones a las oficinas centrales de la denominación. La autoridad central de misiones reparte los fondos según el criterio de la denominación.

Algunas características de la agencia denominacionales:
1) La agencia <u>envía</u> al candidato misionero
2) La agencia <u>examina</u> y <u>aprueba</u> o selecciona los candidatos
3) La agencia paga el sueldo y los gastos del misionero
4) La agencia <u>asigna</u> al misionero a su campo de servicio
5) Normalmente no hay provisión para que las iglesias tengan conocimiento personal del misionero... su doctrina, objetivos, metas, etc.
6) El misionero da cuentas a la agencia y no necesariamente a las iglesias locales
7) A veces los gastos de administración de la agencia

CAPÍTULO III: DEFINICIONES

son excesivos y no muy bien proporcionados.
8) Las agencias tienden a acumular fondos como una reserva y hay falta de mayordomía bíblica.
9) La iglesia local, si tiene voz y voto, es limitado.
10) La iglesia local, por desconocer al misionero, no ora por el/ella con el mismo fervor.
11) A pesar del hecho de que hay muchas iglesias con sana doctrina y creyentes fieles al Señor, lamentablemente muchas de las "Convenciones" (ABA, SBC, NBA, etc.) no son fundamentales bíblicamente y enfatizan los ministerios sociales.

La Agencia Independiente por "Fe"

Generalmente son agencias independientes y sirven a las iglesias locales. Para estas agencias las iglesias locales siempre se consideran las agencias enviadoras. Estas agencias no tienen el apoyo o sostén de una denominación particular.

Las características;
1) Reconocen la autoridad enviadora de la iglesia local
2) Son siervos de la iglesia local
3) Generalmente representan iglesias que tienen una doctrina y practica bíblica común
4) Los fondos enviados por las iglesias (e individuos) se reciben, se reconocen por recibo y se depositan en la cuenta del misionero indicado. La agencia envía un recibo. A veces, para cubrir los gastos de administración, la agencia pide una colaboración de parte del misionero o las iglesias.
5) Los fondos que se reciben, se reparten. No se acumulan.
6) Las agencias ayudan a las iglesias locales en la

selección de misioneros.
7) El misionero es primeramente responsable a su iglesia enviadora y después a la agencia misionera
8) Cada misionero es responsable por levantar el sostén personal por el ministerio de "diputación."
9) La agencia asiste al misionero por medio de contactos, etc.
10) La agencia asiste a la iglesia informarse en cuanto a la situación del misionero.
11) La agencia asiste a la iglesia y al misionero en tiempo de crisis o emergencia.
12) La agencia puede representar al misionero ante el gobierno extranjero, dando al misionero el respaldo necesario para conseguir visas y otros documentos de migración.
13) Generalmente el misionero tiene la libertad seguir la dirección del Espíritu Santo en el desarrollo de su ministerio. Mientras el misionero trabaje dentro de los parámetros doctrinales, filosóficos, éticos, etc. definidos por las iglesias y la agencia misionera, goza de una libertad que le permite servir sin interferencia.
14) Si por alguna razón hace falta corregir o disciplinar al misionero, la agencia reconoce la autoridad bíblica de la iglesia local.

La Iglesia Local.   A veces una iglesia local opta por funcionar como agencia misionera.

Las Ventajas:
1) El misionero es apoyado por la congregación local directamente.   No hay evidencia de que las iglesias del Nuevo Testamento enviaron fondos u ofrendas pro-misiones a una agencia, ni a otra iglesia.   Sin embargo solo hubo un gobierno, la

CAPÍTULO III: DEFINICIONES

Romana; un dinero y no faltaban visas, etc. Hubo pocos misioneros y pocas iglesias locales.
2) El candidato es conocido por su iglesia local
3) La iglesia local ocupa lugar céntrico en misiones

Desventajas:
1) Si la iglesia que sirve de agencia misionera tiene gran número de misioneros es posible que haya necesidad de tener varias secretarias. Naturalmente, mayor número de donativos para mayor número de misioneros requiere mayor trabajo por parte de los administradores de la agencia de la iglesia.
2) Una iglesia grande, más fácilmente, sirve de agencia porque tiene más recursos. Las iglesias pequeñas y medianas se ven obligados cooperar con las iglesias grandes o <u>buscar una agencia misionera por fe.</u> La agencia misionera por fe provee los mismos servicios para todas las iglesias sin importar su tamaño.
3) La iglesia local, a veces, no esta en buena posición guiar al misionero en todos los asuntos relacionado con la llegada al campo de servicio. Generalmente los directores de una agencia misionera independiente tienen la experiencia y el conocimiento adecuado para ayudar al misionero y facilitar su llegada y estancia en el campo de servicio.
4) No todas las iglesias locales tienen la capacidad o los recursos para respaldar o representar al misionero ante un gobierno extranjero
5) Aun los misioneros enviados por una iglesia que funciona como agencia, se ven obligados buscar y contar con ayuda económica de otras iglesias además del apoyo dado por la iglesia agencia.

LA IGLESIA LOCAL Y LA GRAN COMISION DE JESUCRISTO

6) Siempre existen factores que afectan la capacidad de una iglesia funcionar como agencia misionera:
   a. Cambios de liderazgo... cambio de pastor, etc.
   b. Divisiones en la iglesia...
   c. Condiciones negativas que afectan la situación económica de la iglesia

Misioneros Independientes

Hay misioneros que prefieren funcionar totalmente independientes de la supervisión de una iglesia o agencia misionera. ¡Cuidado!

Algunas personas tienen opinión negativa en cuanto la agencias misioneras. A veces se justifican diciendo, "Agencias misioneras no se mencionan en la Biblia y por lo tanto son anti-bíblicos". Esa forma de razonar tiene falla. Muchas cosas buenas no se mencionan en la Biblia... la escuela dominical, los carros, etc.

Las agencias misioneras bíblicas reconocen la autoridad de las iglesias locales y tiene cuidado de no suplantar a ellas. La iglesia local bien puede funcionar bíblicamente sin una agencia misionera pero una agencia misionera bíblica no puede funcionar ni justificar su existencia si no sirve a la iglesia local.

Porque las agencias misioneras colaboran con y sirven a muchas iglesias, y no todas las iglesias tienen la misma posición en cuanto a algunas cosas, mantienen un reglamento estricto. Una posición conservadora en cuanto a ciertas cosas es menos ofensiva. La agencia debe tener normas y requisitos doctrinales y de práctica que reflejan su base bíblica.

CAPÍTULO III: DEFINICIONES

b. **"Personas Autorizadas"**
Así como Pablo y Silas fueron comisionados (autorizados) por la iglesia de Antioquia (Hechos 13:1-3), los misioneros modernos deben enviarse autorizados por una iglesia local. La obra misionera que no es conectada a la iglesia local y autorizada por ella no es obra bíblica... y por lo tanto no es digno del apoyo de una iglesia bautista local. La imposición de manos por parte de los lideres (pastores, diáconos, etc.) de la iglesia representa la autorización de la iglesia para que el misionero celebre su ministerio como una extensión de la iglesia enviadora.

Toda obra misionera debe beneficiar directa o indirectamente a una iglesia local. No debe celebrarse en "paralelo" o a la par de la iglesia.

La obra misionera comienza en una iglesia local y se supone que resulta en el inicio y el establecimiento de iglesias locales nuevas en el campo de servicio. Es por esta razón que mas vale que el misionero llene los requisitos bíblicos para ancianos, pastores, evangelistas, etc. La mayoría de los misioneros deben dedicarse a la ganancia de las almas y el plantar iglesias. Cuando una iglesia nueva se establece, alguien (el misionero muchas veces por falta de un pastor nacional) tiene que servir como pastor. Una vez establecida la iglesia y haya lideres nacionales entonces el misionero sale para repetir su trabajo en otro lugar.

Los requisitos bíblicos para los ancianos, pastores, obispos, diáconos y otros lideres de la iglesia se hallan en I Timoteo 3:1-13 y Tito 1:5-9. A pesar de que el mundo ya no reconoce la autoridad bíblica y estos requisitos, el Señor no los ha anulado ni los ha cambiado. El Señor siempre exige que los líderes sirvan de ejemplo.

Nadie es perfecto o sin pecado, pero la Biblia expone requisitos muy estrictos para los líderes de la iglesia. Los lideres aun más que los demás creyentes debemos reflejar la imagen del Señor. Con mayor privilegio viene mayor responsabilidad (Los Hechos 20:24, 31, 35).

c. "Mas allá de las fronteras e influencia inmediata de la iglesia local" (Romanos 15:20; Hechos 1:8; 2 Corintios 10:16)

"Y de esta manera me esforcé a predicar el evangelio, no donde Cristo ya hubiese sido nombrado, para no edificar sobre fundamento ajeno, sino, como está escrito: Aquellos a quienes nunca les fue anunciado acerca de El, verán; Y los que nunca han oído de El, entenderán." Romanos 15:20

Conviene distinguir entre los ministerios de la iglesia local y lo que es "ministerio de misiones". La iglesia local es responsable por el ministerio local. La iglesia debe evangelizar a su comunidad. La iglesia puede desarrollar ministerios especializadas para ministrar la Palabra de Dios a las gentes de su área. Es muy posible que la iglesia local sirva a la comunidad y llene las necesidades de su pueblo. Algunos ministerios especiales son:

CAPÍTULO III: DEFINICIONES

1. Predicar en los penales
2. Ministrar en los asilos y hogares para ancianos.
3. Por medio de orfanatos, misiones de rescate, etc.
4. Campamentos para niños, jóvenes, parejas, etc.
5. Instituciones educativas como escuelas, institutos bíblicos, etc.
6. Ministerios dirigidos a grupos especiales como los universitarios, etc.
7. Alcanzar diferentes grupos étnicos, etc.
8. Establecer nuevas iglesias en lugares cercanas sin iglesia
9. Ministerios para restaurar a los adictos, alcohólicos, etc.

El programa de misiones se dirige a lo que es más allá del ministerio local... hasta lo último del mundo. La iglesia autoriza y apoya al misionero como su representante para:

d. Proclamar el Evangelio (I Corintios 15:1-4)
e. En lugares y a gentes que carecen del Evangelio
f. Para ganar almas para Cristo
g. Y establecer (plantar) nuevas iglesia bautistas autónomas
   Iglesia que:
   1) Se gobiernan.   No hace falta que alguien les dicte, etc.
   2) Se sostienen.   No dependen del sostén desde afuera
   3) Se propagan.   Crecen y se aumenta en número por sus propios esfuerzos. Se reproducen.
   4) Se perpetúan.   Sigan fiel al Señor y continúan el ministerio

LA IGLESIA LOCAL Y LA GRAN COMISION DE JESUCRISTO

La idea de misiones es que las nuevas iglesias sean como las iglesias "enviadoras" en doctrina, practica, filosofía, o que sean una reproducción de la iglesia neo-testamentaria y de la iglesia que envía el misionero. Quizás haya algunas diferencias de cultura (no anti-bíblicas) entre la iglesia enviadora y la nueva iglesia pero una iglesia bautista que sostiene a un misionero tiene derecho esperar que él busque las almas, que haga discípulos y que haga una contribución (si no es personalmente el plantador de iglesias) al establecimiento o edificación de una iglesia bautista.

El misionero Americano no plantea, en el extranjero, iglesias Americanas. A la misma vez no debe plantar una iglesia que culturalmente viola o niega la Escritura. La "contextualización" es peligrosa. La Biblia no debe "cambiarse", ni acomodarse a la cultura. Al contrario la cultura debe cambiarse o acomodarse a La Escritura. El mensaje bíblico es eterno, y nunca se vuelve "anticuado". Una iglesia neo-testamentaria se puede establecer en cualquier lado de mundo.

"Misiones" se ven en los esfuerzos, de una iglesia local ya establecida, al iniciar una obra (iglesia) nueva en la misma ciudad, departamento o país. La iglesia envía personas miembros para que hagan el evangelismo y el hacer discípulos. Al pasar el tiempo, si hay resultados, se busca tener estudios bíblicos, ya sean en una casa particular de uno de los convertidos o en un local prestado o alquilado. Siempre se espera que Dios levante una persona o preferiblemente una pareja que pueda encargarse de la obra. Los lideres de la iglesia madre y la congregación comisionan a

CAPÍTULO III: DEFINICIONES

esos obreros (misioneros) para el ministerio. El pastor u obrero misionero se somete a la autoridad de la iglesia enviadora y a sus pastores. La iglesia madre se preocupa por el bienestar de los misioneros y los sostiene y apoya.

Grupos de hermanos de la iglesia pueden colaborar semanalmente o regularmente para actividades de evangelismo, los estudios bíblicos, predicaciones, etc. El pastor o pastores de la iglesia madre sirven de "mentor/es" para los obreros.

La nueva iglesia tiene la ventaja del apoyo de personas maduras y preparadas. También la presencia de los miembros de la iglesia madre da ánimo a los nuevos convertidos y llama la atención de la comunidad.

La iglesia madre puede invertir de sus recursos en la obra.

Capítulo IV
La Iglesia Local y Misiones

A. La Iglesia local es el vehículo escogido por Dios para evangelizar al mundo.

La Gran Comisión dada por Cristo es compuesta de dos partes imperativos; evangelizar al mundo por la proclamación del evangelio y el hacer discípulos por la enseñanza de Su Palabra. La iglesia local sirve de plataforma para alcanzar a los inconversos y a la vez dar la enseñanza necesaria para hacer de los creyentes discípulos de Cristo. No basta con solo poner la enseñanza delante de los creyentes, hay que presentar les la verdad de tal manera que pueda llegar a formar parte de su vida. <u>La verdad bíblica convertida en convicción convierte al creyente en cristiano... un pequeño Cristo.</u>

B. El cuerpo del creyente individual es el templo del Espíritu Santo (I Corintios 6:19-20). El Espíritu Santo, también llamado "Paracleto" en Juan 16, esta en nosotros en lugar del Señor Jesucristo y El obra <u>en</u> nosotros y produce la imagen y las virtudes de Cristo en nosotros. Esta obra del Espíritu Santo se efectúa por la aplicación de la Palabra de Dios (Romanos 12:1-2). La Palabra de Dios nos transforma la mente o nuestro *"sentir"* (Filipenses 2:5).

El Espíritu Santo obra <u>por medio</u> de nuestras vidas para manifestar al inconverso perdido la

CAPÍTULO IV: LA IGLESIA LOCAL Y MISIONES

maravillosa luz del evangelio. Cada creyente debe reflejar la imagen de Cristo. El misionero refleja la imagen de Cristo en lugares extranjeras o en culturas ajenas.

C. La idea fundamental en cuanto a la iglesia (*ekklesia*) es la idea de que se forma por un grupo de personas "llamadas fuera", establecidas, unidas en los principios y practicas bíblicas con los propósitos de proclamar la verdad bíblica, gozarse del compañerismo los unos con los otros, adorar a Dios y servirle a El. Noventa veces de las ciento veinte veces que la palabra "iglesia" aparece en el Nuevo Testamento, se usa para referirse a una iglesia local. Los muchos nombres dados a la iglesia de Jesucristo expresan la idea de una relación y su función más bien que de una organización. Las características de una iglesia neo-testamentaria se hallen en Hechos 2:42-47.

D. El desarrollo del programa y un reglamento de misiones.

Conviene una declaración por escrito de los propósitos, requisitos, prioridades, programa, práctica y el proceso, etc., para el desarrollo, el sostenimiento y mantenimiento del ministerio de misiones de la iglesia local. Dicha declaración provee un fundamento y una base para decisiones sabias (no basadas en la emoción) en los asuntos de misiones. El tener un documento que define el programa de misiones de la iglesia no limita a la iglesia, ya que la iglesia o congregación es la autoridad

LA IGLESIA LOCAL Y LA GRAN COMISION DE JESUCRISTO

decisiva. La autoridad de la iglesia es tal que puede seguir la dirección del Espíritu Santo si hay conflicto entre la voluntad de la iglesia y el reglamento de misiones.

Ejemplo: Un miembro desea que su primo reciba sostén de la iglesia como misionero pero el primo no llena los requisitos para misionero de la iglesia. Un reglamento protege a la iglesia en tales casos.

E. Misiones, una prioridad.

Misiones y la obra de misiones es una prioridad con Dios (Lucas 19:10), ¿Porque no es para las iglesias y nosotros?

F. Misiones es la responsabilidad de las iglesias locales. Dios no ha dado la Gran Comisión al gobierno, etc.

G. Sean prudentes. Los recursos para la obra misionera son escasos. Hay que invertirlos sabiamente.

H. Hay que distinguir entre una "presencia cristiana" y una proclamación cristiana". Porque alguien esta presente en el campo misionero no significa que cumple la tarea bíblica de un misionero.

I. Las iglesias bautistas deben ser líderes en cuanto a misiones. Cada nueva iglesia bautista debe formar parte del equipo total misionero. La existencia de iglesias neo-testamentarias bautistas se perpetúa por misiones.

Capítulo V
La Obra Misionera. La Naturaleza de La Obra

A. La obra misionera es una obra espiritual.
   1. Es obra dirigida por el Espíritu Santo.
   2. El Espíritu Santo usa principalmente la Palabra de Dios
   3. Sus agentes son las iglesias y los individuos enviados por las iglesias.
   4. Los mensajeros, medios, y métodos requieren Su aprobación. Si El no puede bendecir, nada para la gloria de Dios se logra.

B. La obra misionera es obra bíblica. En la Biblia encontramos la tarea y el mensaje de misiones (I Corintios 1:17-18; Romanos 1:16).

C. La obra misionera es una obra por fe. Por fe obedecemos, oramos, damos, vamos con el evangelio, predicamos y enseñamos sabiendo que Dios va a cumplir Sus promeses. Sabemos que dará Su bendición.

Capítulo VI
El Patrón de Misiones en El Nuevo Testamento

A. Los Hechos 14:21-28
 1. Predicaron el evangelio... ganaron almas.
 2. Ensenaron a muchos... hicieron discípulos.
 3. Prepararon líderes.
 4. Los encomendaron al Señor.

B. Los Hechos 16: 6-40. Como saber la voluntad de Dios. Como saber Su voluntad en caunto a misiones.
 1. La voluntad de Dios siempre concuerda con Su Palabra y Su plan eterno.
 2. Las circunstancias y condiciones se prestan para lo que es Su voluntad.
 3. El Espíritu Santo constantemente confirma y da testimonio al espíritu de uno de lo que es Su voluntad.
 4. Uno tiene una "convicción" y no solo una emoción.
 5. Para conocer la voluntad de Dios uno debe...
    a. Estar dispuesto pagar el precio de obedecer, y obedecer.
    b. No puede contentarse con otra cosa... solo Su voluntad.
 6. Si casado... ¿Siente su esposa/marido la misma pasión por el llamamiento de Dios? Es necesario que sea así.
 7. Las autoridades (pastor, etc.) ¿Están de acuerdo?

CAPÍTULO VI: EL PATRÓN DE MISIONES EN EL NT

C. Filipenses 4:10-19.
La iglesia de Filipos era una iglesia misionera en todo sentido. Se comenzó por misioneros. Al salir Pablo y su equipo, los de Filipos le mandaron ayuda económica para la obra misionera (4:16). Pablo los uso como ejemplo en 2 Corintios 8 y 9.

Nota:
1. Los misioneros siempre siguieron el patrón que se nos ha dejado por los primeros misioneros en el Nuevo Testamento.
   a. Predicaron el evangelio, ganaron almas
   b. Enseñaron a mucho... hicieron discípulos.
   c. Prepararon líderes.
   d. Los encomendaron al Señor.
2. Los creyentes de Filipos pusieron el ejemplo en cuanto a dar a misiones.
3. Los Filipenses dieron por fe, a pesar de sus aflicciones y profunda pobreza.
4. Las iglesias tuvieron conocimiento personal de los misioneros.
5. Mandaron regularmente y sacrificialmente.
6. Enviaron y dieron una cantidad designada.
7. Reconocieron el valor de la "cuenta celestial"
8. Solo había un gobierno. Pablo era Romano. No le faltaba visa, etc.
9. Hubo pocas iglesias..., las de Jerusalén, de Antioquia y otras pocas.
10. Pocos misioneros.
11. Los Filipenses no mandaron la ayuda a otra iglesia o agencia misionera.

Capítulo VII
¿Cómo Apoyar A Misiones?

VII. Cómo Puede Una Iglesia O Un Individuo Con Recursos Limitados Apoyar A Misiones?

¡POR FE!   Por la gracia de DIOS.

Es de suma importancia que todo creyente en el Señor Cristo Jesús comprenda que EL manda a todos nosotros participar en la obra misionera. Dios no solo *desea* que participemos, nos *manda* participar. El cristiano sensible a la voluntad de Dios puede preguntar, ¿Qué puedo hacer?

Primero, el individuo puede hacerse miembro de una iglesia bautista de sana doctrina y que tiene una pasión por las almas en el mundo entero. Sé que alguien puede decir que he repetido demasiadas veces las partes del patrón bíblico para misiones (el evangelismo, el hacer discípulos y la preparación de líderes). También alguien quizás diga, "Hay demasiado énfasis en la importancia de la iglesia local". En realidad el descuido de esas verdades o principios bíblicos conduce al fracaso en cuanto a "misiones", por lo menos de punto de vista bíblico.

Todos los cristianos bíblicos pueden involucrarse en el programa de evangelizar al mundo por medio de *ORAR*, por *DAR* (contribuir arriba de los diezmos una ofrenda pro-misiones), y por *IR*.

CAPÍTULO VII: ¿CÓMO APOYAR A MISIONES?

A. TODO EL MUNDO PUEDE ORAR...

No hay excusa porque no <u>ORAR</u> por los esfuerzos misioneros y los misioneros de la iglesia. Toda iglesia local con corazón misionera buscará orar sistemáticamente y fervientemente por "misiones". Para orar eficazmente como iglesia o individuo hay que:

1. "Conocer" personalmente a los misioneros. La iglesia que no conoce personalmente a sus misioneros, difícilmente orará por ellos.
2. Mencionar regularmente a ellos y su ministerio... use una lista, comparta la carta de oración de los misioneros.
3. Considerarles una extensión de la iglesia y colaboradores
4. "Comunicarse" con ellos (Esto significa "tomar sus cargas como cargas suyas" o ayudar llevar el "yugo de su ministerio misionero". (Filipenses 4:10)
5. Hay que estar dispuesto permitirle a Dios usar la iglesia para "suplir una y otra vez sus necesidades" (Filipenses 4:14-19).

La única "petición de oración" que dio el Señor Jesús se halla en Mateo 9: 37-38.

"Entonces dijo a sus discípulos: A la verdad la mies es mucha, mas los obreros pocos. <u>Rogad, pues, al Señor de la mies, que envíe obreros a su mies.</u>"

Hay que orar porque haya mas obreros pero también es razonable pensar que debemos orar porque los obreros que haya puedan quedarse en el campo misionero donde EL los tiene. Orar es una de las actividades cristianas más difícil. Orar es más difícil que bautizarse, asistir regularmente a los cultos de la iglesia, leer la Biblia, testificar y aun más difícil que diezmar. Uno ha dicho que si esperamos únicamente en una organización solo tendremos lo que la organización puede; si confiamos en el dinero solo tendremos lo que puede el dinero, pero si oramos tendremos lo que Dios puede. ORE POR EL PROGRAMA DE MISIONES DE SU IGLESIA Y POR LOS MISIONEROS.

B. TODOS PUEDEN DAR ALGO.

La Biblia enseña que los creyentes debemos dar el diezmo al Señor (Malaquías 3:10).
"Traed todos los diezmos al alfolí y haya alimento en mi casa…"

El creyente debe traer el diezmo (la decima parte de sus ingresos) al Señor. El diezmo pertenece al Señor. La persona que no diezma es ladrón y ha robado a Dios.

"¿En qué te hemos robado? En vuestros diezmos y ofrendas." (Malaquías 3:8b)

En el versículo 10 el Señor dice, *"… probadme ahora en esto… si no os abriré las ventanas de los cielos, y derramaré sobre vosotros bendición hasta que sobreabunde."*

No hay que esperar que Dios bendiga una iglesia, una familia o un individuo que no diezma. La bendición de Dios es para los obedientes, los que por fe dan lo que EL manda. Dios no dice que uno tiene que dar el diezmo en forma de dólar. En algunas culturas ni se usa el "dinero". En algunas culturas (especialmente indígenas) las gentes diezman de sus gallinas, los huevos, el ganado, las verduras o lo que casan o pescan. El diezmo es "la decima parte de los ingresos" de uno. Los diezmos se usan por la iglesia para mantener el ministerio local (gastos de luz, renta, sueldo de pastor, etc.) Se imagina que la mayoría de los lectores de este estudio son personas que viven en un lugar de más desarrollo económico.

CAPÍTULO VII: ¿CÓMO APOYAR A MISIONES?

Como ejemplo: Si uno gana 100 pesos por semana, daría la decima parte (10 pesos) a la iglesia local como diezmo. Si gana 500 pesos el diezmo seria de 50 pesos (dólares, colones, córdoba, etc.).

Note que el Señor menciona "ofrendas" en el versículo 8. Algunas personas creyentes dicen que son demasiado pobres para diezmar y dar una ofrenda arriba del diezmo. La falta de obediencia, y la poca fe impide que comprenden que la pobreza puede ser resultado de "robar a Dios y no probarle a EL como EL dice". Hermanos en Cristo, hay que creer. Hay que tener fe en la Palabra de Dios. Hay que obedecer.

Si uno debe demasiado y no le sobra nada después de pagar sus deudas o cuentas, seria bueno aconsejarse con el pastor y formular un plan para ir cancelando la deudas y luego evitar endeudarse sobremanera en el futuro. Quizás sea necesario hacer sacrificios pero vale la pena. Uno puede dedicar 2-3% de sus ingresos al Señor hasta que pueda eliminar las deudas. La meta debe ser dar el 10% de los ingresos para el sostén de la iglesia y luego poder dar ofrendas arriba del diezmo.

Muchos creyentes obedientes tienen la costumbre de diezmar pero también <u>dar por fe</u> una ofrenda pro-misiones arriba de su diezmo. Reconociendo la importancia de participar en la obra misionera, ellos oran y piden a Dios que les dé algo arriba de sus diezmos que pueden dar para el programa pro-misiones en la iglesia donde son miembros. <u>Esas ofrendas designadas pro-misiones permiten a la iglesia apoyar a los misioneros enviados por la iglesia y también las actividades misioneras de la iglesia.</u> Algunas personas dan solo unos centavos. Otros dan más. Ninguno de ellos da ofrendas pro-misiones por obligación sino, *"...como ha propuesto en su corazón"*. Veamos 2 Corintios 8:1-9.

LA IGLESIA LOCAL Y LA GRAN COMISION DE JESUCRISTO

"Asimismo, hermanos, os hacemos saber la <u>gracia</u> de Dios que se ha dado a las iglesias de Macedonia; que en grande prueba de tribulación, la abundancia de su gozo y su profunda pobreza abundaron en riquezas de su generosidad. Pues doy testimonio de que con agrado han dado conforme a sus fuerzas, y aun más allá de sus fuerzas, pidiéndonos con muchos ruegos que les concediésemos el privilegio de participar en este servicio para los santos. Y no como lo esperábamos sino que a si mismos se dieron primeramente al Señor, y luego a nosotros por la voluntad de Dios; de manera que exhortamos a Tito para que tal como comenzó antes asimismo acabe también vosotros esta obra de <u>gracia</u>...

Porque ya conocéis la <u>gracia</u> de nuestro Señor Jesucristo, que por amor a vosotros se hizo pobre, siendo rico, para que vosotros con su pobreza fueseis enriquecidos."

Hay que notar que los miembros de las iglesias de Macedonia participaron a pesar de la <u>persecución</u> que sufrían, a pesar de sus <u>pruebas,</u> y a pesar de su <u>profunda pobreza.</u> Probablemente se quedaron pobres por razón de la persecución. A una gente perseguida no se le permite poseer aun las cosas materiales básicas. Pablo dice que a pesar de todo eso ellos se ofrecieron primeramente al Señor y luego a él y a los otros misioneros. Le <u>rogaron</u> que se les permitiera contribuir algo... *según sus fuerzas* (según lo que ellos pudieron) y aun *mas allá de sus fuerzas* (lo que el Señor les permitía). Siendo pobres pudieron poco, pero por *la fe y la gracia de Dios* pudieron apropiarse de los recursos divinos.

Nosotros podemos excusarnos diciendo que somos demasiado pobres para participar en la obra misionera. Probablemente sea cierto que la mayoría tengamos recursos limitados. La verdad es que los recursos humanos siempre tienen límite. *Pero hablando de los recursos divinos no hay limite* (Fil. 4:19).

CAPÍTULO VII: ¿CÓMO APOYAR A MISIONES?

Dios ve nuestra fe, la honra y por Su gracia provee para que nosotros podamos participar en lo que EL hace en el mundo.

Los creyentes de Filipos eran beneficiarios de la predicación de Los Apóstoles. Personas como Lydia, la muchacha endemoniada y el carcelero y los de su familia (Los Hechos 16:11-40) habían aceptado a Cristo como resultado del ministerio misionero de Pablo y Silas. Agradecidos, ellos comenzaron a ayudar a Pablo en la obra misionera, enviando una y otra vez una ofrenda para suplir sus necesidades (Fil. 4:16). Asombroso es que los miembros de una congregación tan recién establecida, y con tantos problemas (la persecución y la profunda pobreza) tuvieran la fe para reclamar para si la promesa de Dios de suplir todas las necesidades de ellos (Fil. 4:19). Probablemente alguien de esa congregación decía, "Somos muy pobres y debemos guardar lo poquito que tenemos para nosotros. Dejemos que otros mas ricos den." Filipenses 4:19 se dirige a una gente que apreciaba y por fe dependía de la gracia de Dios y Su poder suplir sus necesidades *"conforme a sus riquezas en gloria en Cristo Jesús"*. Noten que no dice, "suplir de sus riquezas en gloria..." Si fuera "sacar de sus riquezas" habría un momento cuando se disminuían. Sabemos que no hay límite a los recursos de Dios y que no se disminuyan, y ni escasean.

¿Puede ser que algunas personas, algunas iglesias y aun algunos países viven en la pobreza porque nunca han honrado al Señor con sus vidas y sus bienes? En Los Hechos de Los Apóstoles 20:35b el Apóstol Pablo nos recuerda de las palabras del Señor Jesucristo, *"Más bienaventurado es dar que recibir."* El Señor Jesús dice que hay una bendición para los que dan. Todo lo que tenemos la hemos recibido de EL.

¿Les animamos "dar" porque queremos lo suyo? ¡NO! Con

LA IGLESIA LOCAL Y LA GRAN COMISION DE JESUCRISTO

Pablo decimos, *"No es porque busque dadivas, sino que busco fruto que abunde en vuestra cuenta." (Fil. 4:17)* Por las promesas que hallo en la Palabra de Dios, y por experiencia personal sé que Dios bendice a los que por fe y por Su gracia participen en el programa de misiones. Deseamos que experimente personalmente la satisfacción y la bendición de Dios que resultan cuando uno participa en el ministerio misionero.

> *"Pero esto digo: El que siembra escasamente, también segará escasamente; y el que siembra generosamente, generosamente también segará. Cada uno dé como propuso en su corazón; no con tristeza, ni por necesidad, porque Dios ama al dador alegre. Y poderoso es Dios para hacer que abunde en vosotros toda gracia, a fin de que, teniendo siempre en todas las cosas todo lo suficiente, abundéis para toda buena obra... ¡Gracias a Dios por su don inefable!"*
>
> **2 Corintios 9:6-8, 15**

Para poder apropiarse de la provisión de la promesa de Filipenses 4:19 hay que participar en misiones. Además que orar hay que dar.

Algunas iglesias bautistas locales dan el 10% de sus ingresos totales a su programa de misiones. Otras congregaciones dan un porcentaje diferente. Otras iglesias optan por recibir una ofrenda designada pro-misiones cada semana. Una iglesia muy famosa apartaba las ofrendas recogidas durante el culto de domingo por la noche para misiones. Aun otras iglesias tienen lo que algunos llaman una ofrenda *"promesa por fe o por gracia"* para sostener el ministerio misionero de la iglesia. No hay sistema único definido en Las Escrituras. Cada iglesia autónoma tiene la libertad de seguir la dirección del

CAPÍTULO VII: ¿CÓMO APOYAR A MISIONES?

Señor en cuanto a apoyar o financiar el programa de misiones. Lo que una iglesia puede dar depende del corazón y de la fe de los miembros.

Capítulo VIII
La Ofrenda Pro-Misiones Por Fe O Por Gracia

El programa de misiones *"Promesa por Fe o de Gracia"* funciona así. Los miembros a veces a gran <u>sacrificio y por fe</u> dan una ofrenda pro-misiones arriba de sus diezmos. Los miembros <u>oran</u> and *buscan la voluntad de Dios en cuanto a la cantidad* que EL quiere que den *arriba de sus diezmos* para la obra misionera. Claro hay que saber orar y discernir la voluntad de Dios. Se reconoce que "diezmar" requiere fe en Dios. "Dar una ofrenda pro-misiones" arriba del diezmo también requiere *fe*. Ahora se entiende porque es llamado "Ofrenda por Fe".

Asegúrese de discernir la voluntad de Dios. No hay que prometer dar cierta cantidad porque otros prometen dar esa cantidad. No hay que "hacerse el tonto" prometiendo dar una cantidad ridícula. La persona que tiene ingresos de solo 100 pesos al mes cometería una tontería prometer dar 50 pesos mensualmente, arriba de su diezmo, como ofrenda pro-misiones.

La iglesia bajo la dirección del pastor y los líderes de la iglesia puede tener un día especial pro-misiones. Se reparten hojas o tarjetas diseñadas específicamente para que los miembros o dadores puedan anotar la cantidad que "prometen" dar para el programa de misiones.
Ejemplar: Tarjeta, Promesa Por Fe

CAPÍTULO VIII: LA OFRENDA PRO-MISIONES

> La Promesa Por Fe... Pro-misiones
> Habiendo orado y averiguado la voluntad de Dios, y teniendo el deseo de participar en el programa de misiones de la Iglesia (Nombre de la iglesia)_____, y dependiendo de Dios, por este medio prometo dar (cantidad _____) cada semana/mes como ofrenda pro-misiones, por fe, arriba de mis diezmos. Oraré porque Dios me provea esta cantidad y prometo darlo fielmente según EL provea. Entiendo que nadie me pedirá esa cantidad y que me comprometo voluntariamente dar esas ofrendas durante los próximos 12 meses. Me da alegría poder participar de esta forma en el ministerio de la iglesia de alcanzar al mundo para Cristo.
>
> *"Cada uno dé como propuso en su corazón: no con tristeza, ni por necesidad, porque Dios ama al dador alegre."* 2 Corintios 9:7

Normalmente, aun los diezmos se dan en una forma personal, privada y así la ofrenda pro-misiones. Después de orar y averiguar la voluntad de Dios, uno anota la cantidad que piensa contribuir cada semana o cada mes arriba de sus diezmos y otras ofrendas. Así como oramos para que el Señor nos dé la provisión de las necesidades diarias, oramos porque EL nos dé algo especial para que podamos dar la ofrenda pro-misiones. Al preparar la hoja o la tarjeta no hay que anotar su nombre, solo la cantidad, y si la piensa dar semanalmente, cada quincena, etc... En un culto especial se recogen todas las hojas y se calcula la cantidad total. Al tener esa información la iglesia podrá formular planes para el ministerio pro-misiones para el año.

Hay que orar para discernir la cantidad que dará pero hay que orar a Dios siempre para la provisión de esa cantidad.

Dar los diezmos y una ofrenda para ayudar llevar el Evangelio del Señor al mundo da gran satisfacción. Dios ha prometido bendecir y proveer. Personalmente, con mi esposa, damos nuestros diezmos cada mes (recibimos el sostén una vez al mes) en la iglesia donde somos miembros. Hemos pedido al Señor que nos provea una cantidad que podamos dar para el sostén de los misioneros de la iglesia. El ha sido fiel y nosotros buscamos ser fieles en dar. El provee cada mes para nuestras necesidades pero también para la ofrenda pro-misiones. Puede haber la tentación de gastar el dinero que EL provee para la ofrenda pro-misiones en otra cosa, pero no hay que robar a Dios ni a los misioneros. <u>Tomar la decisión como creyente de ser fiel en cuanto al diezmo es un paso de fe.</u> La "FE" es "creer lo que Dios dice en Su Palabra (Romanos 10:17). Tomar la decisión de dar una ofrenda pro-misiones arriba o en adición a los diezmos también es un paso de fe. Es solo por fe en Dios y Sus promesas que uno con escasos recursos puede dar. Todo creyente que desea las bendiciones de Dios (no solamente las materiales) dará.

- No hay que ser negligente en cuanto a las obligaciones personales (Romanos 13:7-8).
- No hay que descuidar a la familia (esposa e hijos, etc., 1 Timoteo 5:8) al contrario hay que enseñar el valor y la importancia de misiones a los hijos.
- No hay que descuidar el buen testimonio ante el mundo.
- <u>No hay que descuidar al pastor.</u> La iglesia debe cuidar del pastor y su familia primero (I Timoteo 5:17-18).
- No hay que usar lo que Dios provee para la obra misionera para otros propósitos.
- No hay que vivir pensando, "El mundo me debe algo a mi".
- HAY QUE SER UN "DADOR" NO UNO QUE SIEMPRE ESPERA QUE OTROS LE DEN. Dé por

CAPÍTULO VIII: LA OFRENDA PRO-MISIONES

fe, aunque sea ofrenda de centavos, fichas o reales.

Si una congregación ha de dar a misiones, el pastor y los líderes de la iglesia tienen que poner el ejemplo y promover el programa de misiones. Vale tener eventos o actividades especiales para presentar la obra misionera a la congregación. Se puede poner las cartas de oraciones de los misioneros apoyados por la iglesia en un boletín o lugar accesible a la congregación. <u>Hay que mantener la congregación informado</u> en cuanto a las actividades de los misioneros, sus victorias y sus necesidades, etc.

Hay que comunicar a los miembros las necesidades y las oportunidades de servicio misionero.

Hay que orar porque el Señor "envíe obreros a Su mies".

Hay que estar dispuesto entregarse al Señor para servir como misionero.

Cualquiera que sea la manera de dar ofrendas pro-misiones, lo importante es que se den y saber que Dios bendice y se agrada del "dador alegre".

C. **TODOS LOS CRISTIANOS BÍBLICOS TENEMOS LA RESPONSABILIDAD DE "IR" CON EL EVANGELIO**

1. El cristiano participa en "misiones" cuando vive pendiente de las almas perdidas y busca compartir el evangelio personalmente. Cuando es "ganador de almas".

   a. No todos los cristianos pueden ir como misioneros

pero todos tienen la responsabilidad de dar testimonio de Jesucristo en su comunidad.

"Por tanto, id, y haced discípulos a todas las naciones, bautizándolos en el nombre del Padre, del Hijo, y del Espíritu Santo; enseñándoles que guarden todas las cosas que os he mandado; y he aquí yo estoy con vosotros todos los días hasta el fin del mundo. Amen."
Mateo 28:19-20

La expresión, "Por tanto, id..." significa, "yendo..." y tiene la idea de llevar el evangelio a donde uno vaya". Jesús manda a Sus discípulos dar testimonio de El a donde vayan. Debemos testificar de El cuando vamos al centro, al trabajo, a la escuela, al colegio, al recreo, etc... Algunas veces es necesario dar testimonio sin hablar, pero cuando haya oportunidad debemos testificar verbalmente de Cristo.

Si usted no sabe "evangelizar o otros" o dar testimonio personal en cuanto a como Cristo le salvó, a los inconversos con la idea de ganarles para Cristo, entonces le animo a que busque aprender como evangelizar a otros y comience a hacerlo en obediencia al Señor. Las iglesias vivas y vibrantes son las que tienen programa de "seguimiento o discipulado". Uno de los temas de estudio básico para el nuevo creyente debe ser "el evangelismo personal" o como ganar almas.

    b. El creyente, miembro de una iglesia local contribuye mucho a la iglesia cuando invita a otros (amigos, familiares, compañeros de trabajo o de estudio, los vecinos, etc.) a los cultos de la iglesia.
    c. Los miembros de la iglesia pueden repartir folletos y otra literatura que presenta el evangelio.
    d. También los miembros pueden participar en los

CAPÍTULO VIII: LA OFRENDA PRO-MISIONES

ministerios evangelisticos/misioneros de la iglesia por salir en el programa de visitación o en el ministerio de establecer nuevas iglesias (iglesias misiones). Hay otros ministerios que permiten a uno participar, como el ministerio en los cárceles, equipos médicos, actividades de deporte, actividades de niños o de jóvenes, etc...)

2. Podemos "IR" por medio de los misioneros enviados por la iglesia. Podemos ayudar "enviar" a los misioneros por dar algo arriba de los diezmos para "misiones". La ofrenda pro-misiones es una inversión en la ganancia de almas pero es un deposito en la "cuenta en el cielo". Los misioneros son "embajadores" (representantes o diputados) de la iglesia. Ellos van a donde nosotros no podemos.

DIOS ESPERA QUE *OREMOS*, QUE *OFRENDEMOS* Y QUE *VAYAMOS*.

"... Toda potestad me es dada en el cielo y en la tierra. Por tanto, id, y haced discípulos a todas las naciones, bautizándolos en el nombre del Padre, y del Hijo, y del Espíritu Santo; enseñándoles que guarden todas las cosas que os he mandado; y he aquí yo estoy con vosotros todos los días, hasta fin del mundo. Amén."

Mateo 28:19-20

Información Adicional:

<u>Plantando Iglesias Nuevas...</u>
Cada Iglesia local y autónoma puede desarrollar su programa de "misiones" de acuerdo con la enseñanza bíblica y la dirección del Espíritu Santo. Dios es glorificado y se agrada cuando las iglesias establecidas buscan comenzar y establecer nuevas iglesias (misiones) en la comunidad o en el área donde ministren. Eso da lugar a que los miembros de la congregación participan directamente en la obra de misiones, y usar sus talentos y servicio, en adición a involucrarse económicamente. <u>Gracias a Dios por los pastores y otros líderes de las iglesias que tiene la visión de plantar (comenzar y establecer) nuevas iglesias que tarde o temprano pueden plantar otras iglesias.</u>

<u>La Preparación de Obreros...</u> Una Iglesia puede tener un Instituto Bíblico para ese propósito. Debe haber énfasis en la enseñanza de La Biblia, el ministerio (pastores, maestros, evangelistas, misioneros, etc.). Además de la enseñanza académica, debe haber enseñanza de las cosas prácticas del ministerio.

<u>El Plan Bíblico Para Misiones Es Iglesia Céntrica...</u> Sin embargo varias iglesias hermanas pueden colaborar y ayudar en cuanto a ciertos proyectos, etc. En algunos lugares ha habido mucha bendición cuando varias iglesias ha colaborado para el sostén de los misioneros, y/o para facilitar el desarrollo de proyectos. Iglesias han formado "agencias misioneras" con el propósito de examinar, aprobar, tener <u>contabilidad</u> de los misioneros, ser representantes de los misioneros ante los gobiernos

INFORMACIÓN ADICIONAL

extranjeros, recibir y distribuir <u>los fundos designados</u> a los misioneros, proporcionar recibos confirmando los donativos de cada iglesia o individuo. Hay veces que los fondos de un país tienen que <u>cambiarse por fondos que pueden enviarse por "cable'</u> a los misioneros.

Hay otros países que se consideren pobres o sub-desarrollados que participan por fe en la obra misionera en su Jerusalén, su Judea, su Samaria y hasta lo último de la tierra. Sabiendo que esos individuos dan ofrendas regulares, pro-misiones arriba de sus diezmos y ofrendas normales es evidente que misiones y el evangelismo de mundo es una prioridad para ellos. Gozan de la satisfacción de saber que están colaborando con el Señor en lo que es Su voluntad y Su pasión.

Varios Peligros y Errores:
1. Que el programa de "misiones" no sea <u>iglesia local céntrica.</u> Que una organización sea principal y no las iglesias.
2. Que no se permite <u>que los pastores de las iglesias sirven de autoridades para dirigir</u> el ministerio de misiones.
3. Que el propósito no sea "de iglesias a iglesias. <u>Plantar iglesias que pueden plantar iglesias</u> debe ser la meta principal del programa de misiones.
4. Algunas iglesias se confundan y creen que <u>"tener una</u> persona designada con el titulo de '<u>misionero' presente</u> en cierto lugar es misiones. Los misioneros bíblicos hacen el trabajo de misioneros... evangelismo, discipulado, etc.
5. <u>No se examinan bien</u> a los que van a servir como misioneros.
6. Iglesias apoyen a individuos que <u>no tienen doctrina sana</u> igual a la de la iglesia que los apoya.
7. Algunos misioneros <u>no son "preparados"</u> para su ministerio. No saben "plantar iglesias."

LA IGLESIA LOCAL Y LA GRAN COMISION DE JESUCRISTO

8. Se espera que todos los misioneros en todo lugar tengan los mismos resultados. Hay campos abiertos que dan cosechas muy abundantes, pero hay otros campos donde los resultados son menos por limitaciones impuestos por los gobiernos, la cultura, o las religiones dominantes, etc.

9. No entender que hay lugares donde el trabajo del misionero y el ministerio de la iglesia tienen que celebrarse "a escondidas" es un error. No todo campo misionero tiene "puerta abierta, ni corazones abiertos.

Testimonio Personal...

En el año 1968 mi esposa Patricia y su servidor llegamos a Centro América, pero en 1970 al llegar a El Salvador, comenzamos el tiempo, quizás más fructífero de todo nuestro ministerio misionero.

Venimos enviados y sostenidos por iglesias bautistas independientes locales. Servimos como misioneros con La Misión Bautista Internacional, Inc. con cede en Chattanooga, Tennessee. Sembramos las semillas del evangelio de Cristo y por Su gracia logramos ganar almas.

Participamos con otros en el establecimiento de La Iglesia Bautista Miramonte en San Salvador y después Pati y yo con la ayuda de Dios pudimos establecer el Tabernáculo Bautista de San Miguel (originalmente La Iglesia Bautista Central de San Miguel). *Las oraciones y el apoyo económico para nuestro ministerio de parte las iglesias en la USA, junto con la bendición de Dios,* hicieron posible que participáramos en esa obra misionera.

Hoy, esos esfuerzos han dado fruto y hay docenas de iglesias autónomas que son iglesias hijas de esas dos iglesias. *Para la gloria de DIOS, el SEÑOR ha usado grandemente* a los pastores y obreros Salvadoreños para engrandecer el ministerio. Estos grandes hombres de Dios y sus familias tienen la visión bíblica y la pasión misionera. No solo hay obra misionera en El Salvador, además varias iglesias apoyan a salvadoreños enviados como misioneros al extranjero. ¡Alabado sea el nombre del SEÑOR JESUCRISTO!

EL AUTOR

Dr. Bob Chapman Green nació en Fort Pierce, Florida el 23 de septiembre, 1943. Sus padres eran Bob C y Edris Marie Green. El Hermano Green es llamado "Hno Roberto" por los hispanos, aunque su nombre no es Robert. El aceptó a Cristo como Salvador en 1955 en una compaña de avivamiento en la Iglesia Bautista Fairlawn, donde DD Peterson era el Pastor. El Señor le tocó su corazón en 1959 y le llamó a predicar el Evangelio. Hermano Green es graduado de Dan McCarty High School y Tennessee Temple College. Estudió y logró una Maestría y luego un Doctorado de Baptist College of América en Kokomo, Indiana.

Hermano Green y Patricia Deitz de Asheville, NC se casaron el 15 de julio de 1965. Patricia aceptó a Cristo en septiembre de 1962. Ellos fueron aprobados como misioneros para Centro América con BIMI (Baptist International Missions, Inc.) en enero de 1967. Ellos sirvieron durante varios años en Centro América, y ayudaron comenzar y establecer varias iglesias. Ellos vivieron en Costa Rica, Nicaragua, Guatemala y

SOBRE EL AUTOR

finalmente en El Salvador. Sirvieron con La Familia Bell enseñando en el instituto bíblico "IBERO." Era él co-pastor fundador de La Iglesia Bautista Miramonte en San Salvador. En 1973 se trasladaron a San Miguel donde comenzaron El Tabernáculo Bautista de San Miguel.

Dr. Green y Patricia reconocen la gran obra de Dios que se ha hecho bajo el liderazgo de los pastores Salvadoreños. Dios usó a estos fieles hombres de Dios y sus familias para multiplicar el ministerio de fundar iglesias bautistas independientes nuevas. La Familia Green se siente sumamente bendecida por haber tenido el privilegio de servir en Centro América, especialmente en El Salvador.

Dios permitió al Hermano Green ser piloto aviador y mecánico de aviación. La avioneta que Dios les dio sirvió como una herramienta para el evangelismo y para transportar pastores, evangelistas y misioneros. También le permitió hacer vuelos en casos de emergencia médica.

Actualmente Los Green sirven siempre con BIMI. El es Representante Para El Ministerio Hispano y Director de Ministerios de Aviación.

Los Hermanos Green tienen dos hijos: Susan, casada con Kevin Culler. Tienen dos hijos, Hannah, casada con Mitch, y ellos tienen dos hijos pequeños, Trevor y Brooklyn. Susan y Kevin tienen su hijo Joshua, casado con Gaby. Nuestro hijo Timoteo tiene cuatro hijos:

Danielle, Hunter, Logan y Natalie. Damos gracias a Dios por todos ellos.

www.ingramcontent.com/pod-product-compliance
Lightning Source LLC
Chambersburg PA
CBHW071410040426
42444CB00009B/2184